BEGINNER'S ELEC
Learn to Play Classic Rock

Adrian Gavinson

ADRIAN GAVINSON

Copyright © 2018 Adrian Gavinson

All rights reserved.

WELCOME

Welcome guitarists of all ages and abilities to this essential guide to playing classic rock. Best of luck!

ADRIAN GAVINSON

Contents:

1. Introduction (1)

2. Classic Rock Elements (35)

3. Classic Rock Riffs (39)

ADRIAN GAVINSON

Beginner's Electric Guitar
Learn to Play Classic Rock

INTRODUCTION

Welcome to this introduction to classic rock for beginners. With this book, you'll hopefully gain a thorough understanding of the elements of rock and get a flavour for the various kinds of licks that have been produced over the last few decades This book will also prove to be a useful tool and invaluable starting point for all guitarists looking to expand their musical knowledge, even if you are an absolute beginner.

If you follow every lesson and instruction from each chapter, you'll have a head start in your guitar learning and you'll also be able to quickly pick up the skills required to write your own guitar riffs.

Before playing a single note though, we have to tune up. Tuning the guitar takes time and patience especially when starting out. With months and years of experience, you'll be able to tune without the help of a tuner. A point that must be emphasised right from the start is that tuning has to be absolutely precise. Don't settle for an approximation. In this way, once you've tuned each string, go back and ensure the strings are in tune a second time before playing.

Every lick and song in this book uses what we call **standard tuning**. Standard tuning is the basic guitar tuning that most players use. It is the tuning which the guitar was built to hold and withstand. In heavier genres like the many varieties of metal and some forms of punk, alternate tunings are used. These include drop tunings like Drop D and Drop B. These are not relevant in a beginner's guide to the electric guitar, but it is useful to be aware of their existence nonetheless.

Standard Tuning is:

| E | A | D | G | B | E |

We tune the guitar from the low string (E) to the high string (E). The lowest E is the one nearest to you. This is also the thickest string. There are some great youtube videos with tuners which let you match the note. Alternatively, you could purchase a guitar tuner which fits on the headstock of the guitar and ready to go.

However, in this day and age, it's more practical to just find a free tuner online and tune up before playing.

Now that you are in tune, let's take a look at the components of the electric guitar. Getting to know your instrument is the most important step that you can take when beginning your guitar journey. This is for health and safety and also for the reason that when you understand the ins and outs of your instrument, you can proceed to having a better comprehension for how to get the best sound out of it.

---Index---

1. Headstock

The function of the headstock is to contain the tuning pegs and is where we tune the guitar. It also is designed to balance the instrument's weight appropriately with the neck and body. The headstock is where you will typically find the name of the brand of your instrument.

The headstock is a fragile part of the guitar which you should avoid knocking or hitting at all costs. This point cannot be emphasised enough. Damage can vary from your guitar no longer staying in tune to a dented neck or even fret and nut problems. Any of these will cost you a lot of money, especially since luthiers are not cheap nowadays and if your guitar cost a lot, you'll be looking at further charges. It's best to take precautionary measures and look after your instrument. Purchase a gig bag or case for all transportation.

2. Tuning Pegs

There are six tuning pegs on the guitar, one for each string.

Just like its acoustic counterpart, the tuning pegs on electric guitars are extremely sensitive and so when you are tuning your instrument, especially if you got your instrument new with no setup and loose strings, be extremely cautious as guitar strings snap HARD if you tune incorrectly and are careless. Tune each peg slowly, turning them progressively - never in quick motions.

3. Nut

The nut is often overlooked and some players do not take into consideration just how pivotal this little bit of material really is. The nut is the linking point between the strings, bridge and headstock. It contains six individual slits where the strings sit on. Damage to the nut is as bad as damage to the headstock, if not worse. What you must appreciate as a guitarist is that while the nut seems futile, those individually spaced slits have been measured apart in a precise way down to the last millimetre. It is actually one of the most strenuous and laborious aspects of the craftsmanship that goes into fabrication of the instrument. When replacing strings, take your time and if you are ever unsure, have them replaced by your local music shop. Better to be safe than sorry.

4. Body

The most prominent feature of your guitar: its wonderful body. Look after it and ensure to dust it from time to time. Dust culminates a lot on the body's outer rim, the headstock and underneath the strings. Just like with any part of the instrument, ensure no physical damage occurs on it and love your instrument like you love any other personal expensive property.

5. Fretboard

The fretboard is the actual part of the instrument that your notation is played on. If you are right-handed, your left hand navigates this part of the instrument. Ensure the frets (individually lined notes) are not sharp and are smooth. If there are any issues, make sure to address them professionally before playing as injuries are frequent in poorly constructed and set up guitars. Most guitar stores will be able to sort out minor issues. The fretboard sits on the neck which your hand grasps as you play.

6. Pickups

Electric guitars do not have sound holes like classical and acoustic guitars do. Because of this, in order for sound to come out of an electric guitar, the instrument must be plugged in. The pickups are what makes the electric guitar 'electric'. They act as small microphones that capture and transmit sounds. When you plug in a lead into the input of the guitar, the pickups send the sound through signals to the output. Pickup styles vary depending on the kind of guitar you have. You can customise these and as your knowledge increases as you progress as a guitarist, you will learn more about the different kind of pickups you can have professionally added or changed.

7. Strings

Let's now talk about the strings of the guitar. There are so many different types of string but typically, electric guitars carry either round wound, flat wound or half wound strings. Thickness also varies and this is measured in mm. We recommend always going for mid-thickness strings that allow you to play easier and bend as well. However, only you know what sounds best for your style of playing. Just be sure to ask a guitar store employee if you are not sure about what strings to use/are appropriate for your guitar. One particular variety which has become popular in recent years is the phosphor bronze coated kind. These are more prominent in acoustic guitars but Taylor and Fender have begun to introduce them in their hybrid models as of 2019. Such strings are long lasting and have a beautiful ring to them which makes your guitar sound like twice its price point and can enhance your playing, even if you're starting out.

Be aware that your strings should never feel too tight against the fretboard of the guitar. There should be an ease where you are able to press down on each fret and bend the strings a little bit. A maintenance tip is to purchase a guitar cleaning kit. These are inexpensive and usually contain conditioner. Keeping your strings clean is essential for hygiene and a crisp sounding instrument. Alternatively, use a duster and dab a small amount of water on a tea towel to regularly clean your fretboard and strings.

8. Bridge

The bridge is what holds the strings in place on the opposite end of the guitar to the headstock. Don't mess around with this part of the instrument as much like the other components which involve maintaining correct string tension, it is extremely delicate. You might note that the strings come out of holes in the bridge. This is normal and when you learn to string the guitar yourself, you'll find out better how the mechanism works.

fig 1.

fig 2.

SELECTING A GUITAR

While we're on the subject of the guitar itself, a question which many students ask is what guitar they should buy and what gear ought to be used. The truth of the matter is, there is no single correct answer. What guitar you choose to buy and play really depends on your budget and the style of music you are primarily interested in learning.

The two diagrams on the previous page exhibit the two most common electric guitars on the market. Figure 1 is a stratocaster body shape and figure 2 is a Les Paul. Stratocasters (strats for short) were made famous by players like Eric Clapton, Jimi Hendrix and George Harrison whereas Les Paul's were championed by players such as Jimmy Page from Led Zeppelin among many others. I would recommend listening to each instrument through the music of the aforementioned musicians and then trying them out at your local guitar store to see which you prefer in terms of sound, feel and of course, price. Because multiple brands make each guitar type, the prices range from as low as $150 to as much as $4500. So it really is down to you and your budget!

Let's talk about gear. When guitarists start out, many beginners are fascinated by gear like pedals, amps and pre-amps. This is because when you're first exposed to the world of effects and how you can manipulate your sound just by pressing a pedal with your foot, it's exciting. The reality is that so many beginners end up wasting valuable money that could be invested in lessons or improving your performance.

It's a waste because the glamorous pedals and amps are not a necessary part of your musical journey so long as you have good quality durable gear. I would recommend a good combo amp that costs no more than $100 when starting out and if rock of any kind is your game (of course it is), then an inexpensive distortion pedal. Bear in mind that this is only when starting out and you can always upgrade later when you have improved. The skill is in your fingers and playing. No matter how expensive your gear is, you cannot fake good guitar playing by just purchasing high end guitars, amps and pedals. Like the saying goes, 'a good guitarist can make a cheap guitar sound amazing'. This could not be truer. The takeaway? Focus on your craft, not on the gear.

That being said, here are some recommendations to check out if you are looking for your first gear start-up:

Guitars:

Squier by Fender Bullet Stratocaster

Squier by Fender Standard Series Stratocaster

Epiphone Les Paul Special VE

Fender Mexican Standard Stratocaster

Pedals:

Boss DS-1 Distortion Pedal

Landlord FX Whiskey Chaser Distortion Pedal

Amps:

Marshall MG15G 15 Watt Guitar Combo

Fender Champion 20 Combo

READING TABLATURE

Every riff in this book is in tablature form.

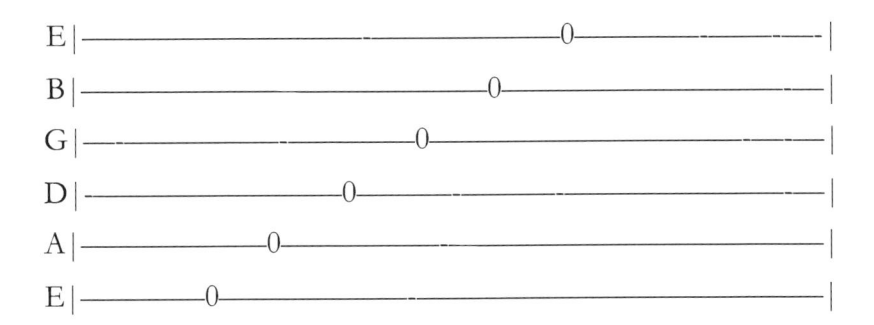

```
E|———————————————————0———————————|
B|——————————————————0————————————|
G|—————————————————0—————————————|
D|————————————————0——————————————|
A|———————————————0———————————————|
E|——————————————0————————————————|
```

This diagram above is a 'tab', short for tablature and it is what we use in guitar music to indicate where we should place our fingers and what note to play. The E at the top of the diagram is the high string of the guitar and the E at the bottom is the low E and so, tabs are read from the bottom up and not the top up. The number on the string indicates the fret we play on the fretboard. Therefore, a '0' indicates that we are to play an open string without pressing on the fretboard. The diagram above shows how we tune a guitar: by playing each string open to match the E A D G B E standard tuning.

```
E|------------------------------------------------|
B|------------------------------------------------|
G|------------------------------------------------|
D|---------3--------5--------3--------------------|
A|------------------------------------------------|
E|------------------------------------------------|
```

In the example above, the D string is being played. Starting on the third fret, we then proceed to play the fifth fret and then return to the third fret. This is a basic series of notes.

Sometimes, the numbers might be lined up as follows:

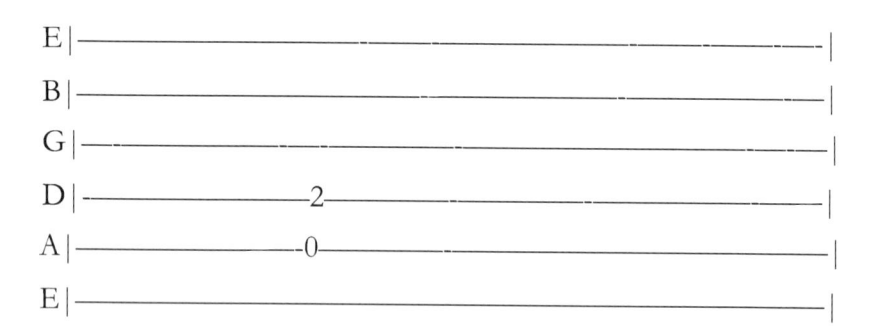

```
E|------------------------------------------------|
B|------------------------------------------------|
G|------------------------------------------------|
D|------------------2-----------------------------|
A|------------------0-----------------------------|
E|------------------------------------------------|
```

In the example provided, '0' of the A string and '2' of the D string are aligned. This means that they have to be played together in a short form of a chord which we call 'power chords'. So in order to play this, place your index finger on the second fret of the D string. Then, carefully strum the A string and the D string together. This is an A power chord.

Another example:

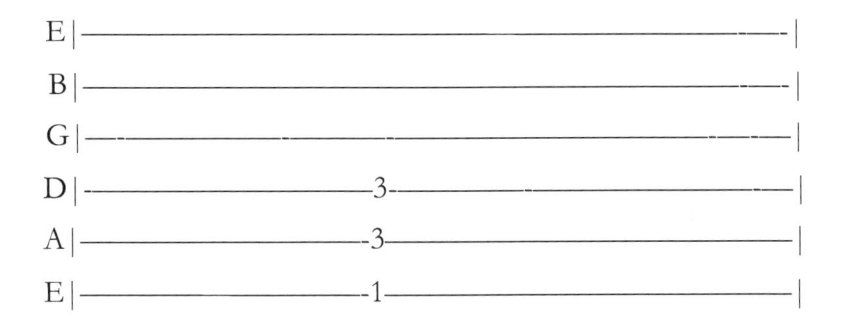

```
E|--------------------------------|
B|--------------------------------|
G|--------------------------------|
D|---------------3----------------|
A|---------------3----------------|
E|---------------1----------------|
```

In the above diagram, we see that the G, B and high E strings are not in use so we DO NOT play them. The chord above is called an F power chord which means it is a short version of the long F chord. An 'F' power chord.

Step 1: Place your index finger on the first fret of the low E string.

Step 2: Place your ring finger on the third fret of the A string.

Step 3: Place your pinky on the third fret of the D string.

Step 4: Strum (with your right hand) the top three strings being careful not to play the high three.

Power chords are very common and are essential for rock riffs. Let's take a look at other power chords that you might come across.

G Power Chord:

```
E|-----------------------------------|
B|-----------------------------------|
G|-----------------------------------|
D|--------------5--------------------|
A|--------------5--------------------|
E|--------------3--------------------|
```

A Power Chord:

```
E|-----------------------------------|
B|-----------------------------------|
G|-----------------------------------|
D|-------------7---------------------|
A|-------------7---------------------|
E|-------------5---------------------|
```

B Power Chord:

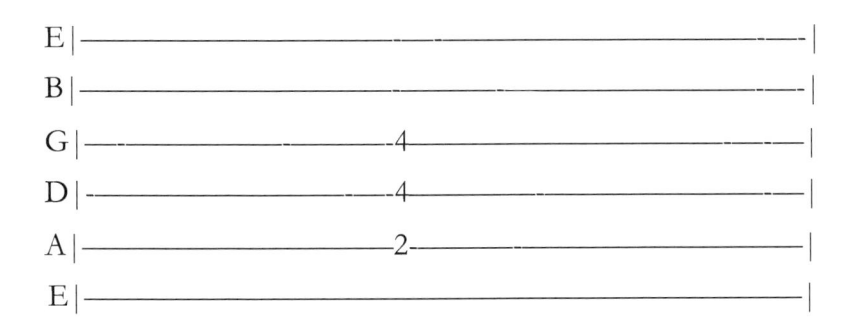

```
E|-----------------------------------|
B|-----------------------------------|
G|-------------4---------------------|
D|-------------4---------------------|
A|-------------2---------------------|
E|-----------------------------------|
```

C Power Chord:

```
E|-----------------------------------|
B|-----------------------------------|
G|---------------5-------------------|
D|---------------5-------------------|
A|---------------3-------------------|
E|-----------------------------------|
```

D Power Chord:

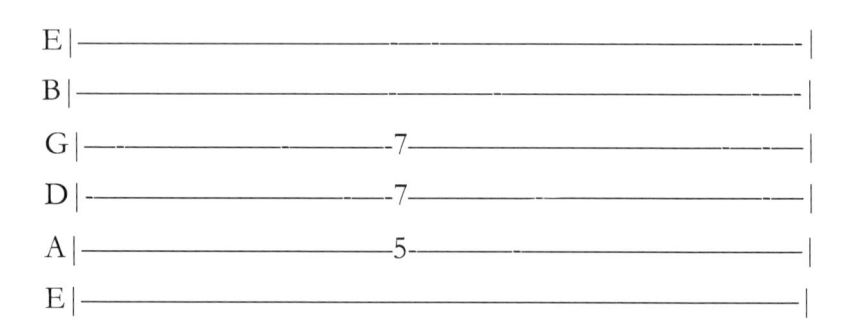

```
E|-----------------------------------|
B|-----------------------------------|
G|---------------7-------------------|
D|---------------7-------------------|
A|---------------5-------------------|
E|-----------------------------------|
```

E Power Chord:

```
E|---------------------------------|
B|---------------------------------|
G|---------------------------------|
D|---------------2-----------------|
A|---------------2-----------------|
E|---------------0-----------------|
```

CHORDS & PROGRESSIONS

Let us slow things right down though. The reason I showed you power chords early on is because they are the easiest version of any chord you might need to use and the one you'll most likely frequent the most when performing, writing and playing rock. But before taking another step, you need to learn the most basic chord progression which all beginner guitarist use: C, G, Am, F.

A chord progression is a series of (usually 3 or 4) chords which are played over and over in a song. Hundreds of thousands of pop and rock songs use the generic C, G, Am and F progression which is why it is essential to learn. Practice songs are included later on in the book so try to master this progression in this section before advancing to tackling anything more complex.

We are starting with a C major chord, or simply what we call 'C'. This going to be the basis for the entire exercise. It will take time and energy to master the progression itself so while I would usually say to focus on every chord individually, it is worth giving the entire progression a shot once you are somewhat comfortable with each chord.

The earlier on that you start practicing, the easier it will become.

C MAJOR CHORD

```
E|----------------------------------0------|
B|--------------------------------1--------|
G|------------------------------0----------|
D|--------------------------2--------------|
A|----------------------3------------------|
E|----------------------------------------|
```

Here we have the C chord. It looks daunting but one needn't worry because everything is explained step by step.

Step 1: You want to get your fingers in the right position so you can start to memorise the chord shapes. You will start by placing your ring finger (fourth finger) on the third fret of the A string.

Step 2: Next, put your middle finger on the second fret of

the D string. I understand that this feels like a close tuck and it is. Therefore, really push down so that the notes can ring out when you strum later.

Step 3: Leaving the G string open and untouched (hence the 0 in the diagram), place your index (pointer) finger on the first fret of the B string.

This is the C major shape. Truth be told, it will feel uncomfortable and maybe even painful when you first become acquainted with this chord shape. But the practice pays off because after a while you will be able to do a C major chord shape without thinking twice. It's all about practice and muscle memory.

This is the first chord of the four chord sequence. Now, we must advance to the G major chord.

G MAJOR CHORD

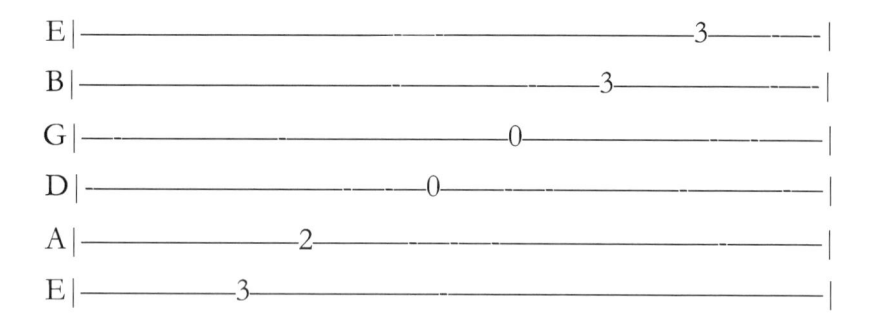

```
E|----------------------------------3------|
B|---------------------------------3-------|
G|-----------------------------0-----------|
D|---------------------------0-------------|
A|-------------2---------------------------|
E|-------3---------------------------------|
```

The G major chord is one of the reasons you should be learning guitar: in and of itself. It is wholesome, melodic and overall a gorgeous sounding chord.

Step 1: To start creating the shape, place your middle finger on the third fret of the low E string.

Step 2: Next, place your index finger on the second fret of the A string.

Step 3: Place your ring finger on the third fret of the B string and your pinky under it on the third fret of the high E string.

Once more, this position is not exactly the most fun for a beginner and it is a big jump from C to G. Nonetheless, it is a pivotal chord to learn for any genre of music. I urge you not to give up though, no matter how hard you find playing it. Perseverance is key.

A tip regarding this chord is that if you find the high notes difficult to keep down i.e. your ring and pinky on the B and E strings, then just try playing the top four strings and progressively introducing the high notes.

A MINOR CHORD

```
E|------------------------------------0------|
B|--------------------------------1----------|
G|---------------------------2---------------|
D|-----------------------2-------------------|
A|---------------0---------------------------|
E|------------------------------------------|
```

Every chord progression needs a good minor chord to bring it together. No chord does this more so than A minor. Unlike the other chords in this progression, this one does not use the low E string so when you play it, start out slow ensuring not to hit that low string.

Step 1: Place your middle finger on the second fret of the D string.

Step 2: Place your ring finger under it on the second fret of the G string.

Step 3: Finish the chord shape with your index finger on the first fret of the B string.

Step 4: Strum the chord using all strings except the low E.

F MAJOR CHORD

```
E|------------------------------------------------|
B|------------------------------------------------|
G|-----------------------------2------------------|
D|-------------------------3----------------------|
A|-------------3----------------------------------|
E|--------1---------------------------------------|
```

The F major chord is by far the hardest chord that a beginner could come across. The full shape using a technique called barring but since this book is designed as an introductory text for beginners, we will focus on the simplified version. Earlier, we came across the F major power chord. The F chord is very similar but more extensive.

Step 1: Place your index finger on the first fret of the E string.

Step 2: Place your ring finger on the third fret of the A string.

Step 3: Place your ring finger on the third fret of the D string.

Step 4: Finish by placing your middle finger on the second fret of the G string.

So now that you have the tools for your first chord progression, it's time for you to practice, practice, practice! Do not take another step until you have mastered each of the four chords and can comfortably change between them. Once you have nailed each chord, try playing them in this easy sequence:

C	C	C	C	G	G	G	G
Am	**Am**	**Am**	**Am**	**F**	**F**	**F**	**F**

The purpose of this exercise is to get you into a groove or rhythm of playing. It's one thing to learn to play the notes and another thing entirely to make it into music.

(Note that these chords are also known as open chords)

PICKING

What must be addressed is picking/strumming. Picking patterns are an essential part of playing the guitar and make riffs/chords sound either amazing or terrible. When starting out on guitar, most players pick downwards on every stroke. This works for some riffs but upstrokes are just as important. When writing out picking patterns, guitarists use D (down pick) and U (up pick) to signify what sort of picking is used. Try picking in alternate picking patterns like these:

D　D　U　D　D　U

In this picking pattern, you will pick the strings in a 'down, down, up' pattern i.e. two down picks and one up pick. This is a great beginner's pattern as it only involves one up pick.

D　U　D　D　U

Similar to the previous pattern, this one is slightly more challenging but you can master it with a bit of practice.

These are the primary two picking patterns used for playing chords and riffs. When you practice more and you get the hang of riffing, the picking pattern of a song will come naturally to you. The whole idea of a picking pattern is to make the riff run smoothly without breaks which can make a guitarist sound amateur and unprofessional. It's similar to a violinist who learns how to bow properly and fluidly.

Guitarists must learn as early as possible how to pick appropriately. On the occasion, you might find that some songs and riffs have multiple possibilities for picking patterns and there isn't only one right way of playing the song. This is fine too and in these cases, it is just a matter of what feels best for you. Some songs start on an up-pick. While rare, I would encourage you to practice any of the riffs in this book with an up-picked start. What happens when you try this is your muscle memory improves because you are taking on a technique which isn't natural. What *is* natural when you start playing a riff is to down pick from the start. Alternating shouldn't be a huge aspect of your practicing but it should be included nonetheless. You'll thank your future guitarist self for giving this a go earlier on in your musical career.

CLASSIC ROCK

Now that we have covered the basics of the electric guitar, we are ready to focus on classic rock and the elements of the genre that are focal. In this section of the book, we will be looking at how classic rock riff are constructed and then, you will be introduced to a variety of different riffs and licks. All of them are suitable for beginners.

Structure of a Riff

To create a simple classic rock riff:

1. Identify your key.
2. Use notes from the open and power chord of that key.
3. Formulate your own melody.

This might sound confusing, but let's break it down and see what is meant here. Cast your mind back to when we looked at power chords. With each of these chords, there is a root note i.e the note that the chord is based on and typically starts with. When creating a classic rock riff, it's important to identify the key you are playing in. For the sake of this example, we are going to use the key of G. This means that every note in the riff must correspond to our root note.

Next, we must identify what notes are used in the G power chord and also, the open G chord.

G power chord:

```
E|-----------------------------------------|
B|-----------------------------------------|
G|-----------------------------------------|
D|----------------5------------------------|
A|----------------5------------------------|
E|----------------3------------------------|
```

G open chord:

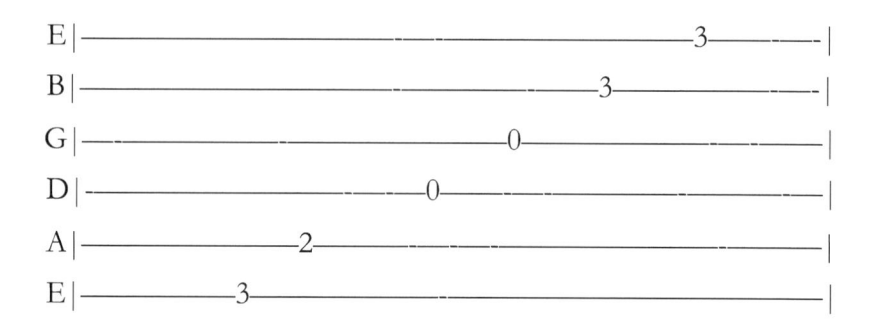

```
E|--------------------------------3--------|
B|--------------------------3--------------|
G|--------------------0--------------------|
D|-----------------0-----------------------|
A|-----------2-----------------------------|
E|-------3---------------------------------|
```

Now comes the fun aspect of creating a riff. Being able to see the various notes available to us through these two forms of the chord means that we are more or less completely free to make up an original melody which will become a riff. Here are two example riffs using this principle:

```
E|------------------------------------------------|
B|------------------------------------------------|
G|------------------------------------------------|
D|------------------------------------------------|
A|---------------------2--------------------------|
E|----------3--------------3--------5-------------|
```

```
E|------------------------------------------------|
B|------------------------------------------------|
G|------------------------------------------------|
D|------------------------------------------------|
A|-------------------------------2----------------|
E|---------3--------5--------3--------3-----------|
```

Of course, you must be aware that classic rock is not always this simple. In fact, you can add notes in between so long as they correspond with the scale and key that your riff is based on. Nonetheless, the principle that we have looked at works extremely well when starting out. To put it into practice, here is an extensive variety of classic rock riffs in every key.

CLASSIC ROCK RIFFS

KEY OF A

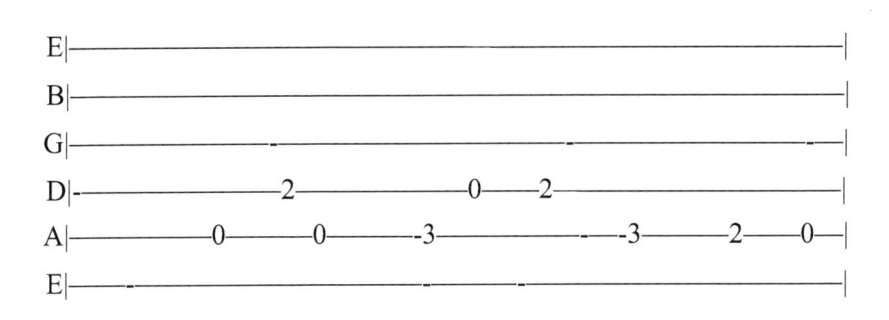

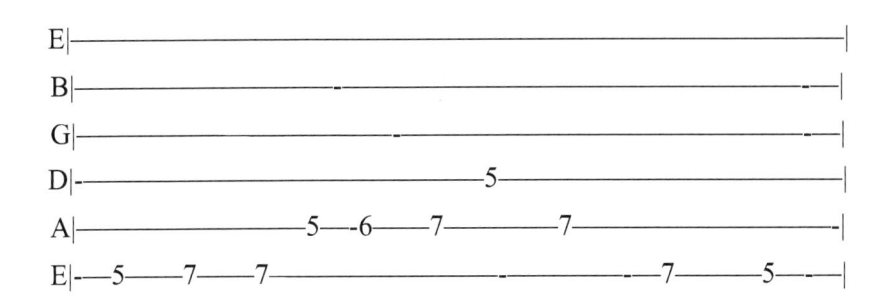

```
E|------------------------------------------------|
B|------------------------------------------------|
G|------------------------------------------------|
D|-------------2-----------0----2-----------------|
A|------0------0-----3-----------------3----2---0-|
E|------------------------------------------------|


E|------------------------------------------------|
B|------------------------------------------------|
G|------------------------------------------------|
D|--------------------------5---------------------|
A|-------------5---6----7--------7----------------|
E|--5----7----7-------------------------7----5----|


E|------------------------------------------------|
B|------------------------------------------------|
G|------------------------------------------------|
D|-------------2---------3--------2---------------|
A|------0-------------------------------0----3--0-|
E|------------------------------------------------|
```

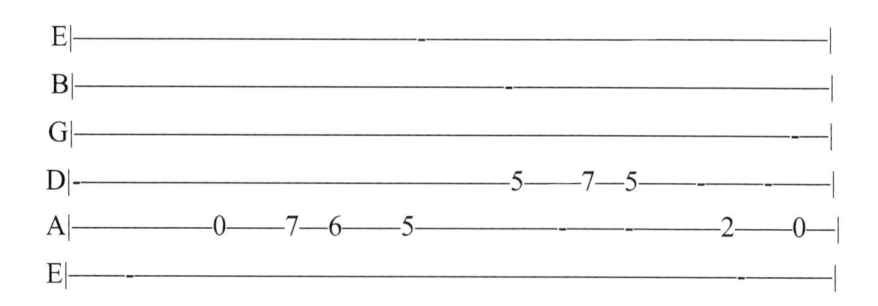

```
E|--------------------------------------------------|
B|--------------------------------------------------|
G|--------------------------------------------------|
D|-----------------------5--------------------------|
A|-------7-----5----7-----------7------5--3--0------|
E|--5-----------------------------------------------|



E|--------------------------------------------------|
B|--------------------------------------------------|
G|--------------------------------------------------|
D|-----------------------5-----7--5-----------------|
A|---------0----7--6----5---------------2-----0-----|
E|--------------------------------------------------|



E|--------------------------------------------------|
B|--------------------------------------------------|
G|--------------------------------------------------|
D|-----------------------7----7---------------------|
A|----7----7----9----5------5----7--------7----5--7-|
E|----5----5----7-----------------------------------|
```

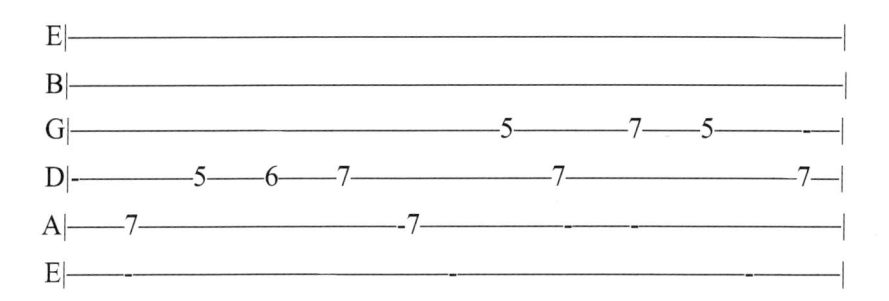

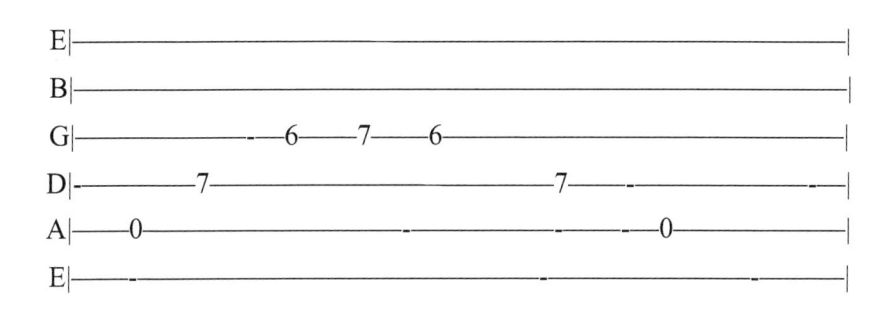

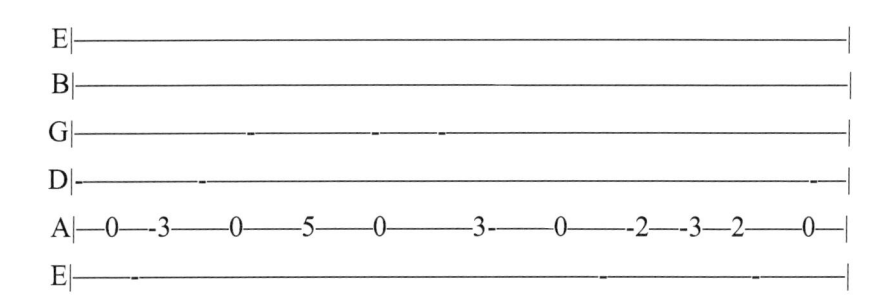

```
E|-----------------------------------------------|
B|-----------------------------------------------|
G|------------------------5------7----5-----------|
D|------5----6----7------------7-------------7---|
A|---7----------------7--------------------------|
E|-----------------------------------------------|




E|-----------------------------------------------|
B|-----------------------------------------------|
G|----------------6----7----6---------------------|
D|---------7----------------------7--------------|
A|---0--------------------------------0----------|
E|-----------------------------------------------|




E|-----------------------------------------------|
B|-----------------------------------------------|
G|-----------------------------------------------|
D|-----------------------------------------------|
A|---0---3---0---5---0---3---0---2---3--2----0--|
E|-----------------------------------------------|
```

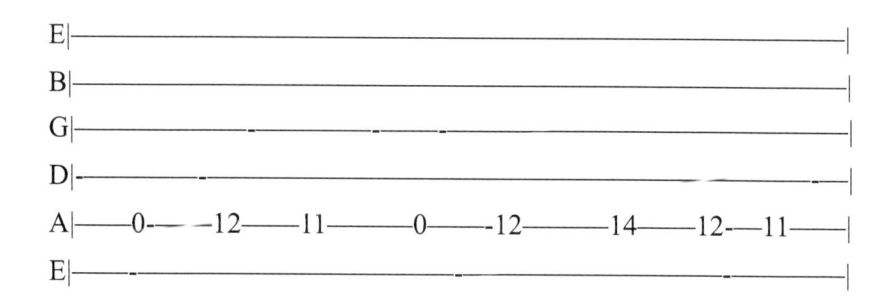

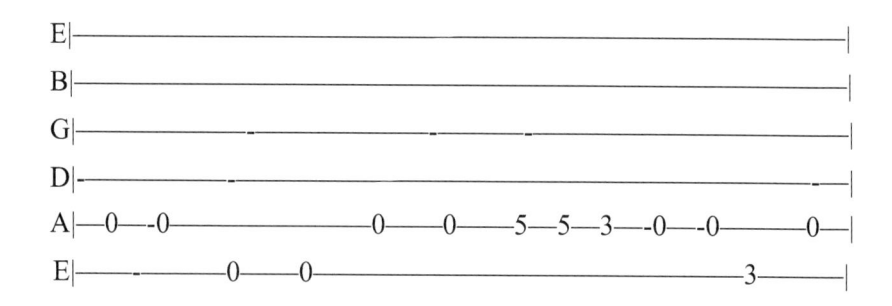

```
E|---------------------------------------------------------|
B|---------------------------------------------------------|
G|---------------------------------------------------------|
D|---------------------------------------------------------|
A|-----0-----12-----11-------0-----12-----14-----12---11---|
E|---------------------------------------------------------|


E|---------------------------------------------------------|
B|---------------------------------------------------------|
G|---------------------------------------------------------|
D|---------------------------------------------------------|
A|--0--0-------------0----0-----5--5--3---0---0---------0--|
E|--------0----0-------------------------------3-----------|


E|---------------------------------------------------------|
B|---------------------------------------------------------|
G|---------------------------------------------------------|
D|------2--------2---------4----------6---------7----------|
A|--0--------0---------2---------4---------5---------------|
E|-----------------------------------------------------5---|
```

KEY OF B

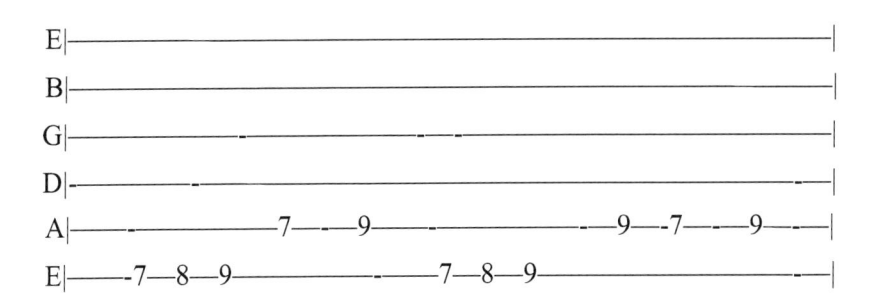

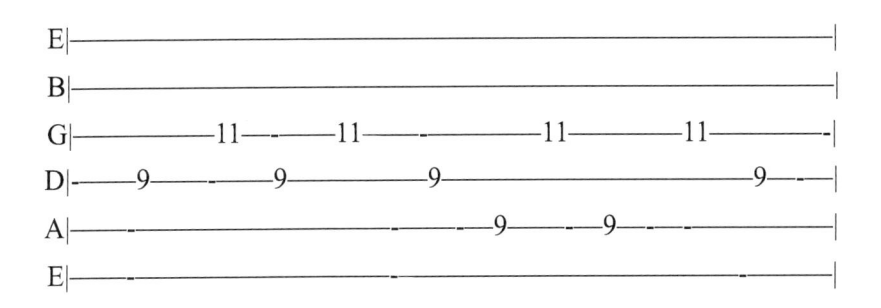

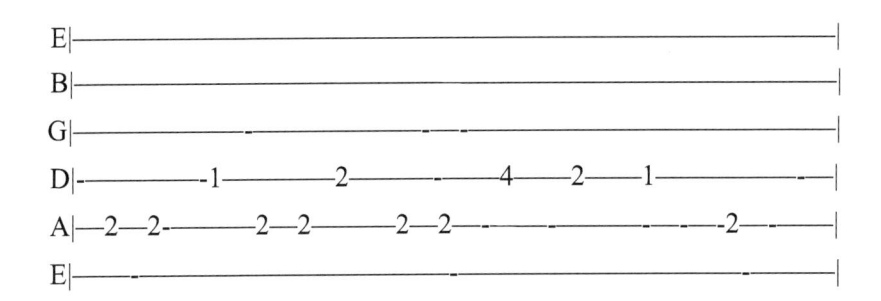

```
E|-------------------------------------------------|
B|-------------------------------------------------|
G|-------------------------------------------------|
D|-------------------------------------------------|
A|---------7----9-----------9---7----9-------------|
E|---7-8-9----------7-8-9--------------------------|


E|-------------------------------------------------|
B|-------------------------------------------------|
G|--------11-----11--------11--------11------------|
D|----9------9--------9--------------------9-------|
A|----------------------9-----9--------------------|
E|-------------------------------------------------|


E|-------------------------------------------------|
B|-------------------------------------------------|
G|-------------------------------------------------|
D|----------1------2--------4---2---1--------------|
A|--2-2------2-2-----2-2------------------2--------|
E|-------------------------------------------------|
```

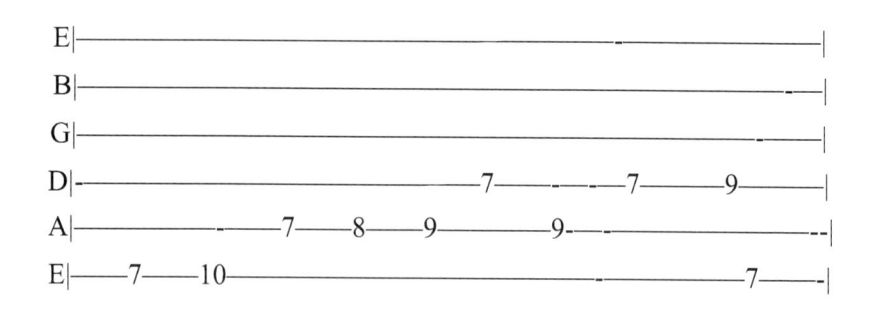

```
E|---------------------------------------------------|
B|---------------------------------------------------|
G|-----------4----------------------3----------------|
D|-------4---------4------------4---------4----------|
A|---2---------------------2----------------2--------|
E|---------------------------------------------------|



E|---------------------------------------------------|
B|---------------------------------------------------|
G|---------------------------------------------------|
D|-----------------------------7-------7------9------|
A|---------------7----8----9-------9-----------------|
E|----7----10--------------------------------7-------|



E|---------------------------------------------------|
B|---------------------------------------------------|
G|---------------------------------------------------|
D|---4----4----4----4--------------------------------|
A|-2----2----2----2-------2----2----2----2-----------|
E|-----------------------0---------0-----------------|
```

```
E|----------------------------------------------------|
B|----0--0----2--0------3--------0------5----0--2----0--|
G|----------------------------------------------------|
D|----------------------------------------------------|
A|----------------------------------------------------|
E|----------------------------------------------------|
```

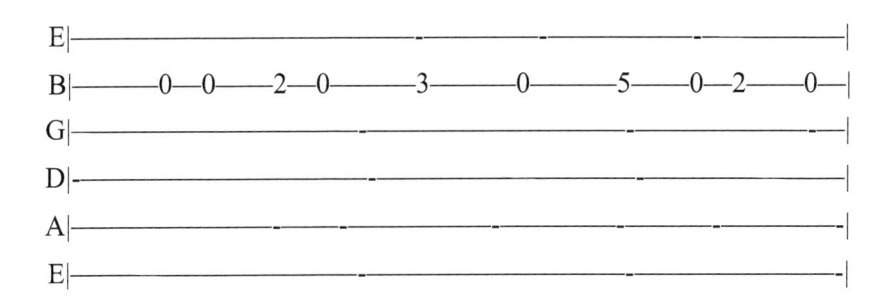

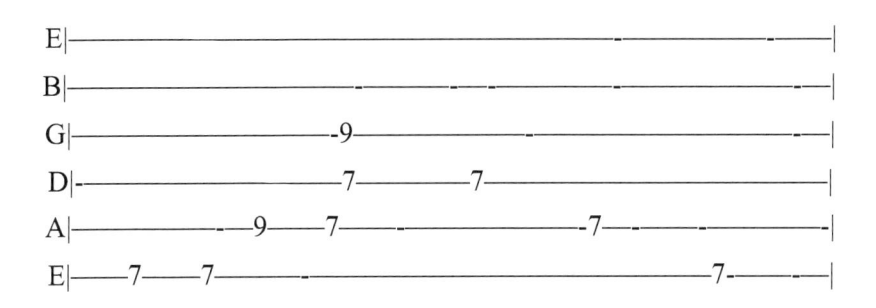

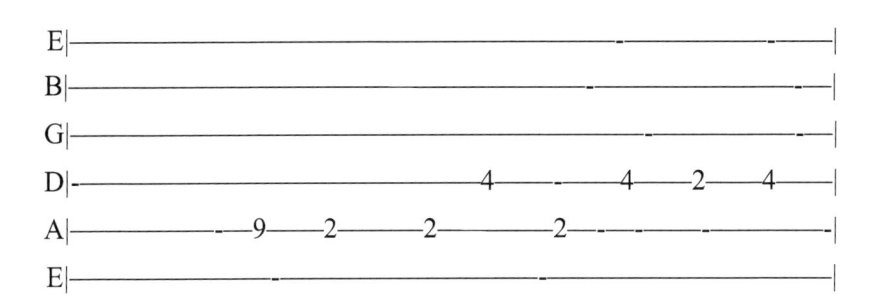

```
E|----------------------------------------------------|
B|----------------------------------------------------|
G|--------------------9-------------------------------|
D|-------------------7--------7-----------------------|
A|------------9---7-----------------7-----------------|
E|----7---7-----------------------------------7-------|
```

```
E|----------------------------------------------------|
B|----------------------------------------------------|
G|----------------------------------------------------|
D|-----------------------4--------4----2----4---------|
A|------------9---2------2--------2-------------------|
E|----------------------------------------------------|
```

KEY OF C

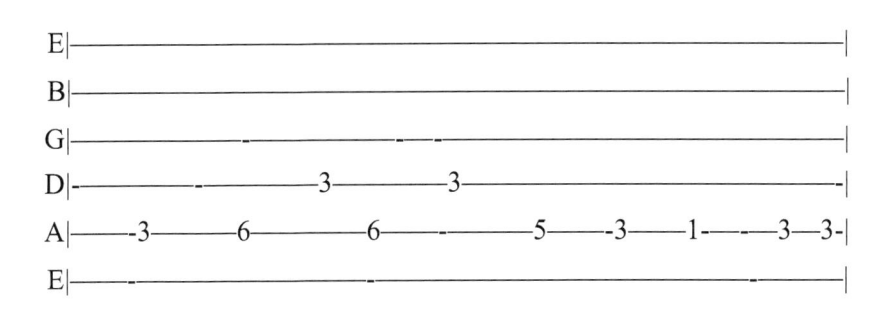

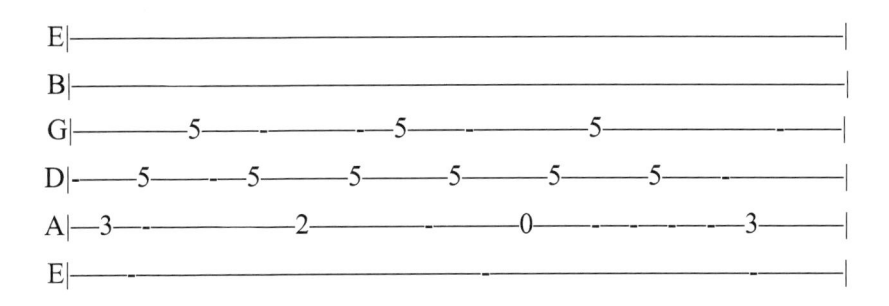

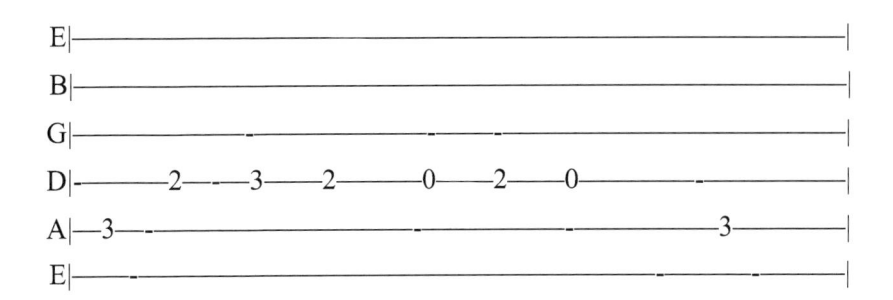

```
E|-----------------------------------------------|
B|-----------------------------------------------|
G|-----------------------------------------------|
D|---------------3-------3-----------------------|
A|--3-----6------6-------5----3----1----3---3----|
E|-----------------------------------------------|


E|-----------------------------------------------|
B|-----------------------------------------------|
G|-------5---------5---------5-------------------|
D|---5-----5---5-----5-----5-----5---------------|
A|-3---------2-----------0-----------3-----------|
E|-----------------------------------------------|


E|-----------------------------------------------|
B|-----------------------------------------------|
G|-----------------------------------------------|
D|-----2---3---2-----0---2---0-------------------|
A|-3-----------------------------3---------------|
E|-----------------------------------------------|
```

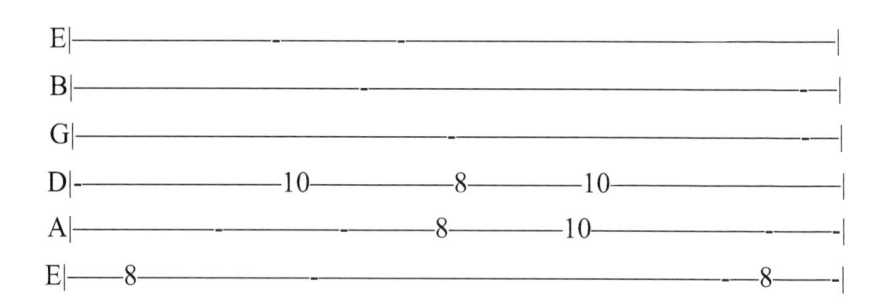

```
E|-----------------------------------------------|
B|-----------------------------------------------|
G|-----------------------------------------------|
D|---------------0----2----3----2----0-----------|
A|-----3----3-------------------------------5----|
E|-----------------------------------------------|




E|-----------------------------------------------|
B|-----------------------------------------------|
G|-----------------------------------------------|
D|-------------10---------8--------10------------|
A|-----------------------8--------10-------------|
E|-----8---------------------------------8-------|




E|-----------------------------------------------|
B|-----------------------------------------------|
G|-----------------------------------------------|
D|-------------3-----5-----7----3-----5----------|
A|-----3----5-----------------------------5---5--|
E|-----------------------------------------------|
```

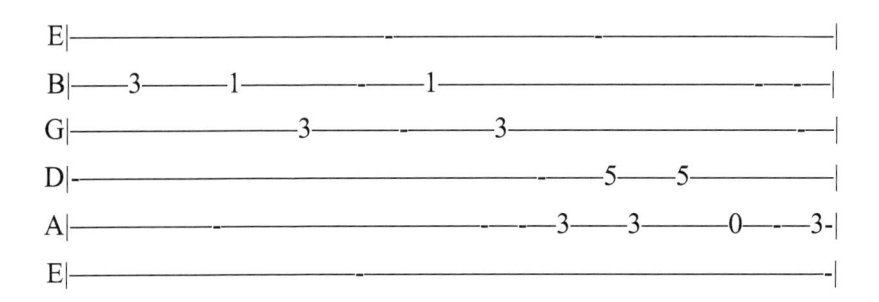

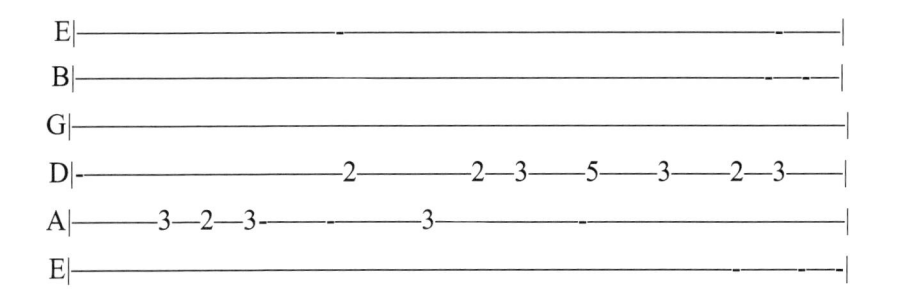

```
E|----------------------------------------------------|
B|----3-----1---------1-------------------------------|
G|--------------3---------3---------------------------|
D|----------------------------5----5------------------|
A|------------------------3-----3--------0-----3-|
E|----------------------------------------------------|


E|----------------------------------------------------|
B|----------------------------------------------------|
G|--------------5----5--------7-----------------------|
D|----------------------------------------------------|
A|----3--3----5----------------------3------3---------|
E|----------------------------------1--------1--------|


E|----------------------------------------------------|
B|----------------------------------------------------|
G|----------------------------------------------------|
D|------------------2------2--3----5----3----2--3-----|
A|----3--2--3----------3------------------------------|
E|----------------------------------------------------|
```

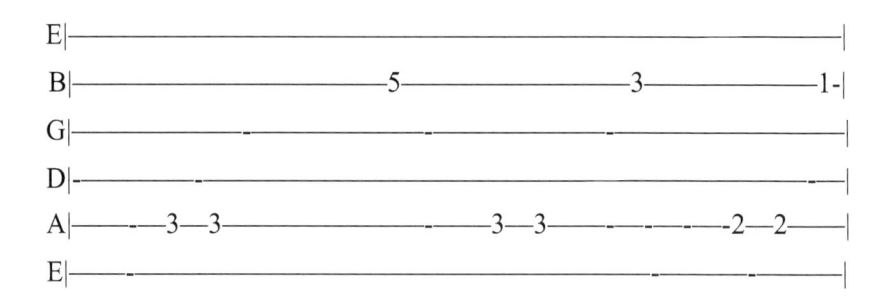

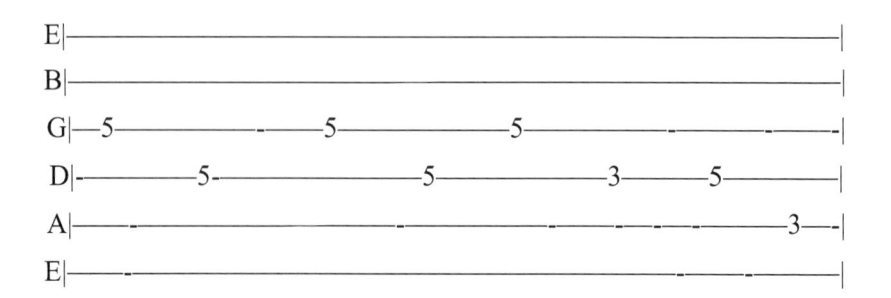

```
E|-----------------------------------------------|
B|------------6----8----6------------------------|
G|-----5--7---------------------7----5----7------|
D|-----------------------------------------------|
A|-----------------------------------------------|
E|-----------------------------------------------|


E|-----------------------------------------------|
B|------------------5--------------3---------1-|
G|-----------------------------------------------|
D|-----------------------------------------------|
A|----3--3--------------3--3-----------2--2------|
E|-----------------------------------------------|


E|-----------------------------------------------|
B|-----------------------------------------------|
G|--5---------5---------5------------------------|
D|-----5---------5---------3-----5---------------|
A|-------------------------------------3--------|
E|-----------------------------------------------|
```

KEY OF D

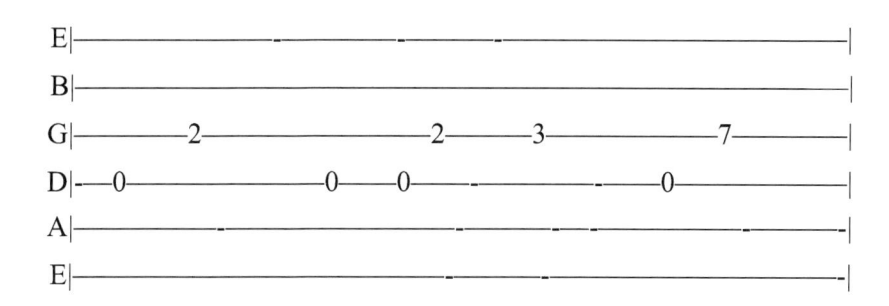

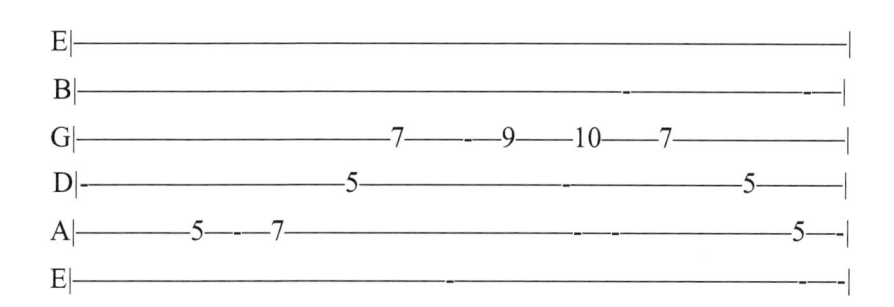

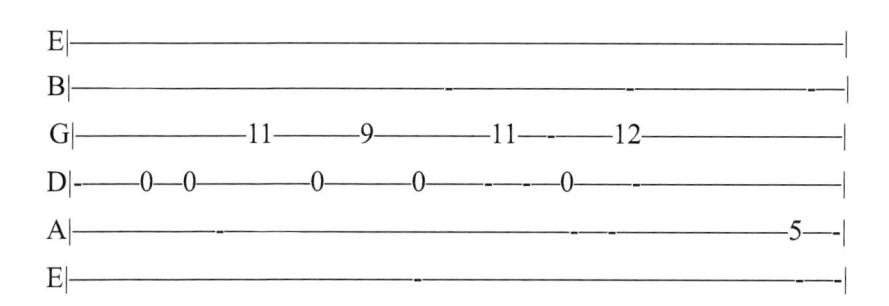

```
E|--------------------------------------------------|
B|--------------------------------------------------|
G|------2------------2------3------------7----------|
D|--0------------0------0--------------0------------|
A|--------------------------------------------------|
E|--------------------------------------------------|


E|--------------------------------------------------|
B|--------------------------------------------------|
G|------------------7------9-----10------7----------|
D|--------------------5--------------------------5--|
A|------5------7---------------------------------5--|
E|--------------------------------------------------|


E|--------------------------------------------------|
B|--------------------------------------------------|
G|------------11------9-----11------12--------------|
D|---0---0-------0------0--------0------------------|
A|--------------------------------------------5-----|
E|--------------------------------------------------|
```

```
E|--------------------------------------------------|
B|--------------------------------------------------|
G|--------------------------------------------------|
D|------------------------------5-----7-------------|
A|--------5--5----7----8----7-----------------5-----|
E|--------------------------------------------------|
```

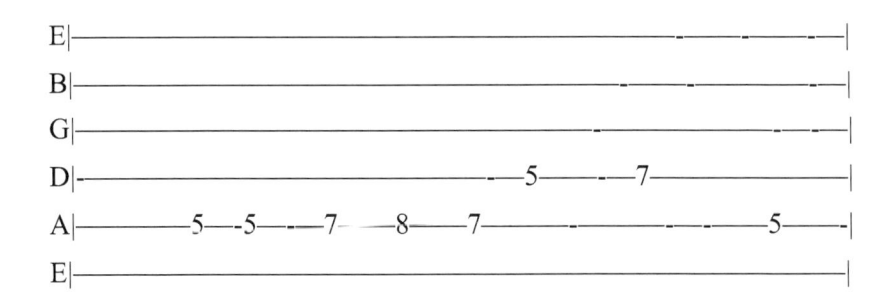

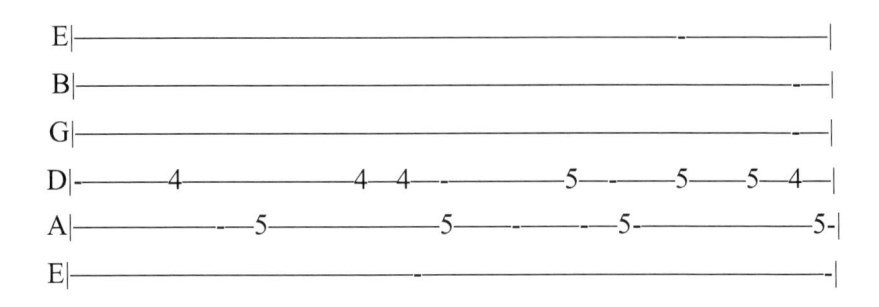

```
E|--------------------------------------------------|
B|--------------------------------------------------|
G|--------------------------------------------------|
D|------4-----------4--4--------5-----5----5--4-----|
A|---------5-----------5-----------5----------5-----|
E|--------------------------------------------------|
```

```
E|--------------------------------------------------|
B|--------------------------------------------------|
G|--------7-----------------------------------------|
D|------------------------------------2----2----0---|
A|--------5---------5----5------5-------------------|
E|--------------------------------------------------|
```

KEY OF E

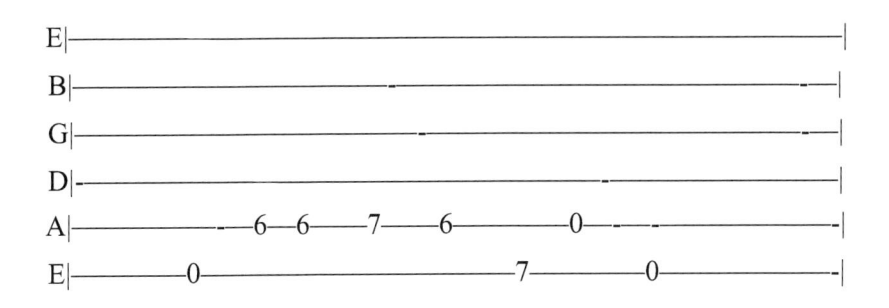

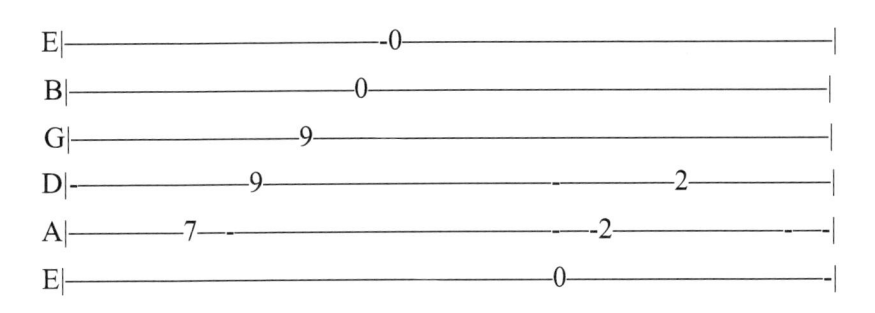

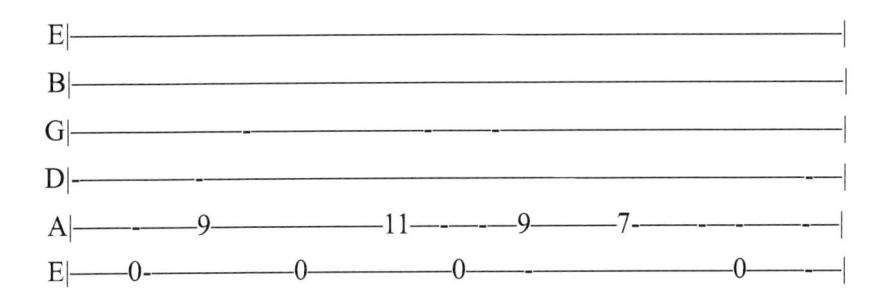

```
E|-----------------------------------------------|
B|-----------------------------------------------|
G|-----------------------------------------------|
D|-----------------------------------------------|
A|--------6--6----7----6---------0---------------|
E|--------0----------------------7-----0---------|


E|----------------------0------------------------|
B|------------------0----------------------------|
G|--------------9--------------------------------|
D|----------9--------------------------2---------|
A|------7--------------------------2-------------|
E|----------------------------0------------------|


E|-----------------------------------------------|
B|-----------------------------------------------|
G|-----------------------------------------------|
D|-----------------------------------------------|
A|------9--------11--------9--------7------------|
E|--0-------0---------0-----------------0--------|
```

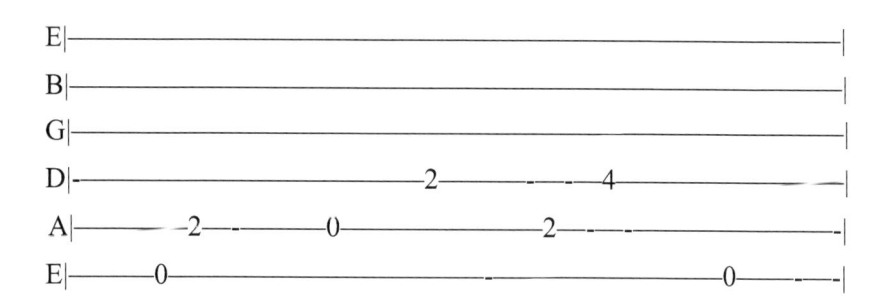

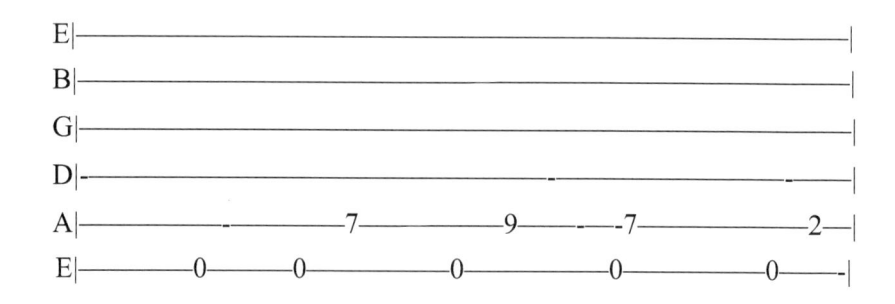

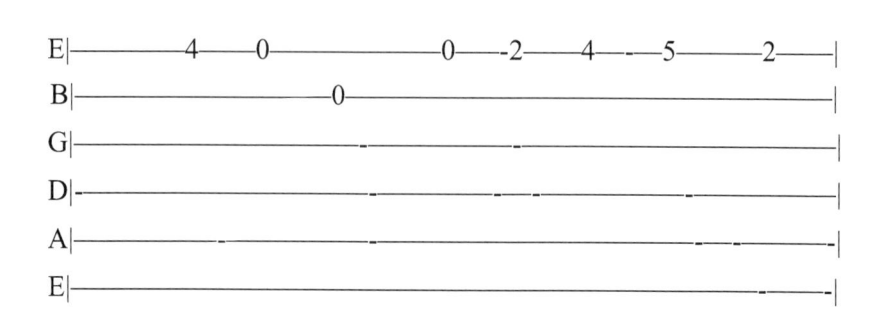

```
E|------------------------------------------------|
B|------------------------------------------------|
G|------------------------------------------------|
D|-------------------2---------4------------------|
A|-----2------0-----------2-----------------------|
E|--0----------------------------0----------------|


E|------------------------------------------------|
B|------------------------------------------------|
G|------------------------------------------------|
D|------------------------------------------------|
A|-----------7------9-----7-----------2-----------|
E|------0------0------0------0------0-------------|


E|-----4---0------0--2--4---5----2----------------|
B|------------0-----------------------------------|
G|------------------------------------------------|
D|------------------------------------------------|
A|------------------------------------------------|
E|------------------------------------------------|
```

KEY OF F

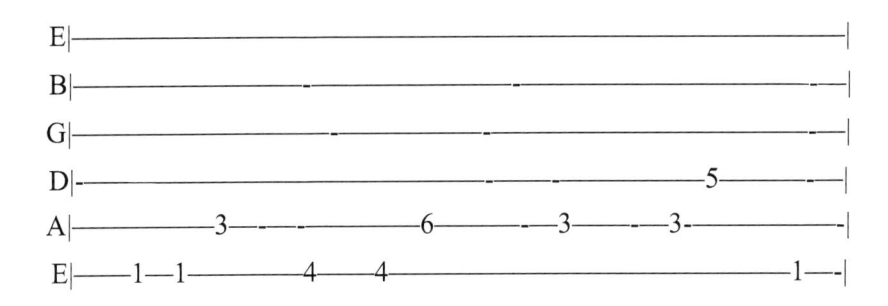

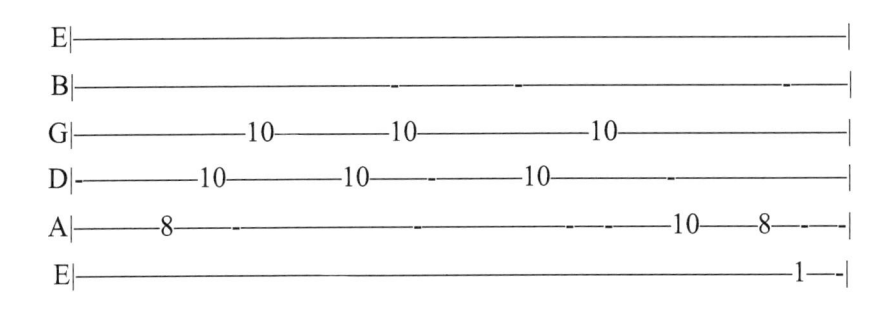

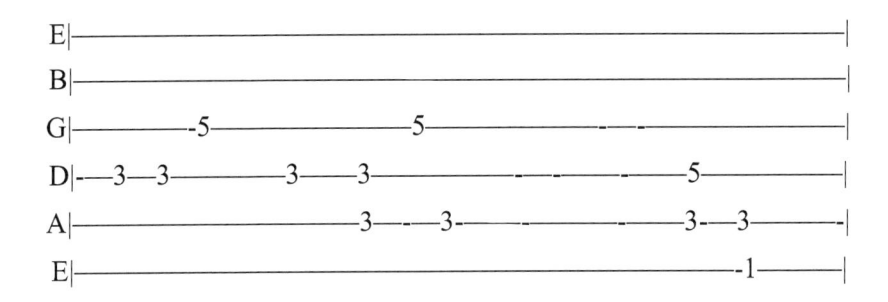

```
E|-----------------------------------------------|
B|-----------------------------------------------|
G|-----------------------------------------------|
D|-----------------------------------------5-----|
A|-------3---------6--------3------3-------------|
E|---1—1------4----4----------------------1------|


E|-----------------------------------------------|
B|-----------------------------------------------|
G|--------10-------10---------10-----------------|
D|-------10--------10---------10-----------------|
A|----8----------------------------10-----8------|
E|----------------------------------------1------|


E|-----------------------------------------------|
B|-----------------------------------------------|
G|-------5---------5-----------------------------|
D|--3—3------3----3-------------------5----------|
A|-----------3-----3----------------3----3-------|
E|-------------------------------------1---------|
```

57

```
E|--------------------------------------------------|
B|--------------------------------------------------|
G|--------------------------------------------------|
D|---------------------------1-------1-----3--------|
A|-------------1--2----3-----------3----------------|
E|---1----4-----------------------------------1-----|
```

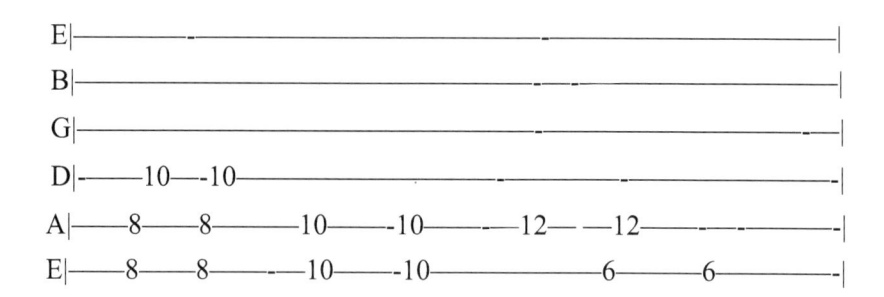

```
E|--------------------------------------------------|
B|--------------------------------------------------|
G|--------------------------------------------------|
D|------10--10--------------------------------------|
A|---8----8------10----10-------12----12------------|
E|---8----8------10----10------------6------6-------|
```

KEY OF G

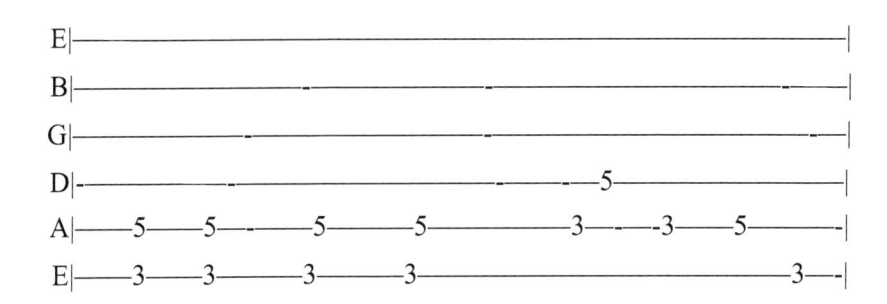

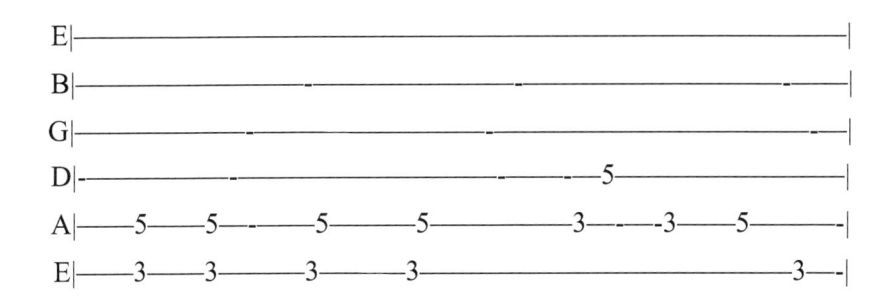

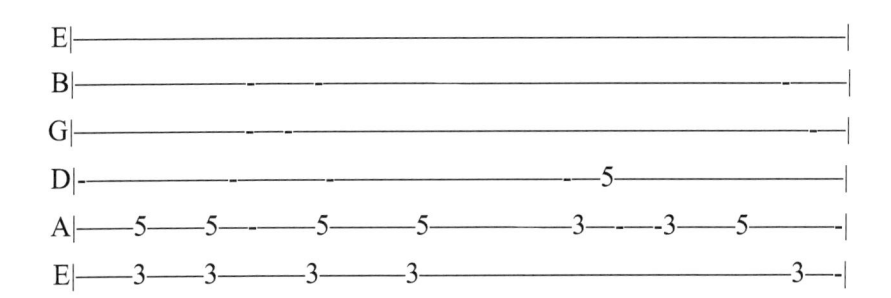

```
E|---------------------------------------------------|
B|---------------------------------------------------|
G|---------------------------------------------------|
D|----------------------------------5----------------|
A|----5----5-----5-----5------------3-----3----5-----|
E|----3----3-----3-----3-------------------------3---|


E|---------------------------------------------------|
B|---------------------------------------------------|
G|---------------------------------------------------|
D|----------------------------------5----------------|
A|----5----5-----5-----5------------3-----3----5-----|
E|----3----3-----3-----3-------------------------3---|


E|---------------------------------------------------|
B|---------------------------------------------------|
G|---------------------------------------------------|
D|----------------------------------5----------------|
A|----5----5-----5-----5------------3-----3----5-----|
E|----3----3-----3-----3-------------------------3---|
```

```
E|-----------------------------------------------|
B|-----------------------------------------------|
G|-----------------------------------------------|
D|----------------------------5------------------|
A|----5----5-----5-----5----------3-----3----5---|
E|----3----3-----3-----3---------------------3---|


E|-----3-----0-----------------------------------|
B|---------------------3-----0-------------------|
G|---------------------------------3----2---0----|
D|-----------------------------------------------|
A|-----------------------------------------------|
E|------------------------------------------3----|
```

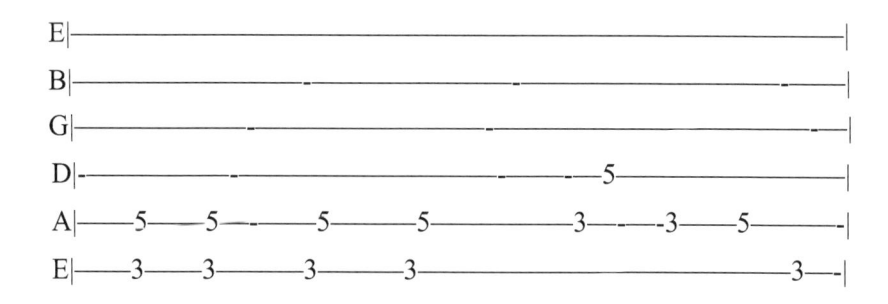

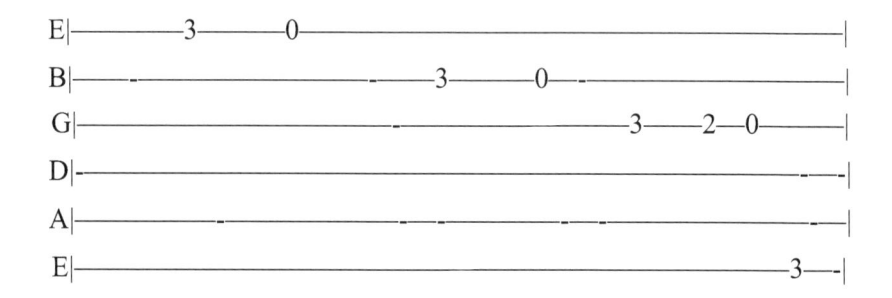

Remember to practice each riff slowly to begin with. Speed will come when you master the finger positions.

The following chapter is a series of classic rock riffs which are based on famous licks by all time greats.

Chicago

```
E|---------------------------------------|
B|----5------1---------------1-----------|
G|---------------0---------------0-------|
D|---------------------------------------|
A|---------------------------------------|
E|---------------------------------------|


E|---------------------------------------|
B|----3------1---------------1-----------|
G|---------------0---------------0-------|
D|---------------------------------------|
A|---------------------------------------|
E|---------------------------------------|


E|---------------------------------------|
B|----5------1---------------1-----------|
G|---------------0---------------0-------|
D|---------------------------------------|
A|---------------------------------------|
E|---------------------------------------|
```

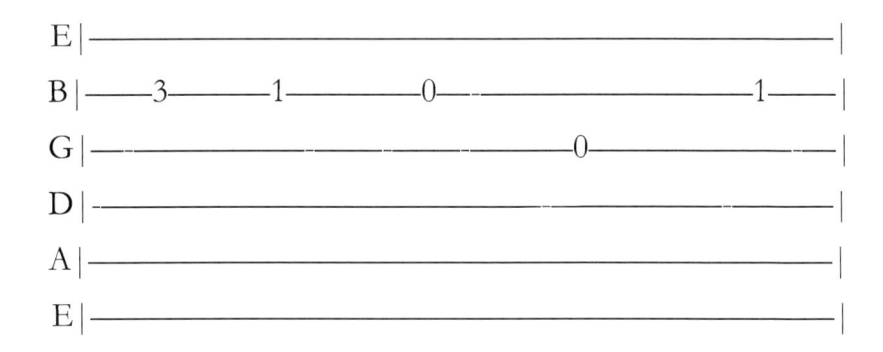

```
E|————————————————————————————————————|
B|————3————1————————————0——————————————|
G|————————————0——————————————0—————————|
D|—————————————————————————————————————|
A|—————————————————————————————————————|
E|—————————————————————————————————————|


E|—————————————————————————————————————|
B|————3————1————0—————————————————1————|
G|——————————————————————0——————————————|
D|—————————————————————————————————————|
A|—————————————————————————————————————|
E|—————————————————————————————————————|


E|—————————————————————————————————————|
B|—————————————————————————————————————|
G|—————————————————————————————————————|
D|—————————————————————————————————————|
A|—————————————————————————————————————|
E|————————————————3————————————————————|
```

```
E|————————————————————————————————————|
B|———5———————1———————————————1———————————|
G|———————————————————0———————————————0———|
D|————————————————————————————————————|
A|————————————————————————————————————|
E|————————————————————————————————————|


E|————————————————————————————————————|
B|———3———————1———————————————1———————————|
G|———————————————————0———————————————0———|
D|————————————————————————————————————|
A|————————————————————————————————————|
E|————————————————————————————————————|


E|————————————————————————————————————|
B|———5———————1———————————————1———————————|
G|———————————————————0———————————————0———|
D|————————————————————————————————————|
A|————————————————————————————————————|
E|————————————————————————————————————|
```

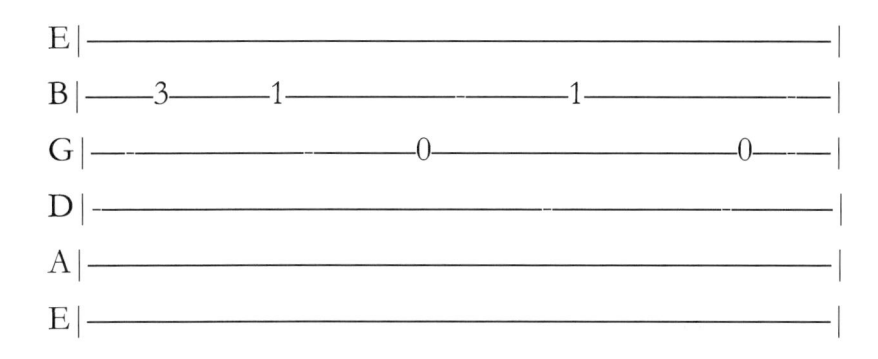

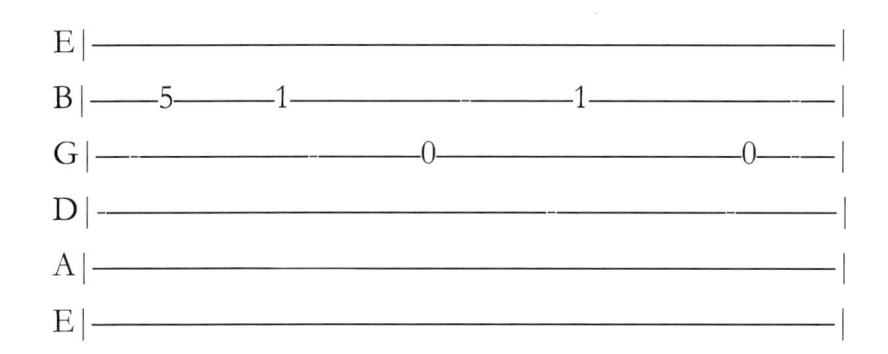

```
E|----------------------------------------|
B|----3-------1---------------0-----------|
G|--------------------0---------------0---|
D|----------------------------------------|
A|----------------------------------------|
E|----------------------------------------|
```

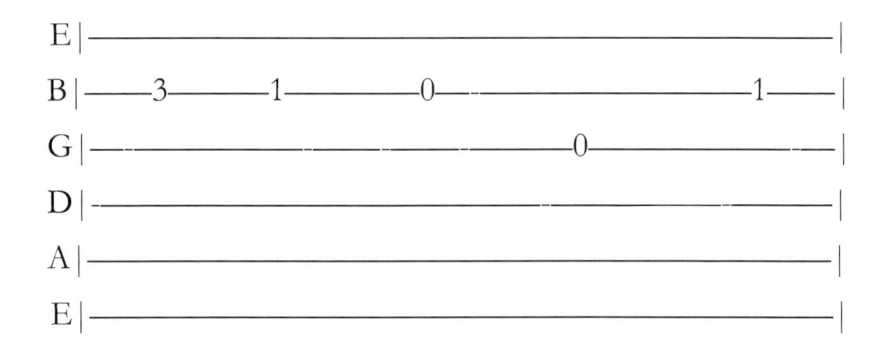

```
E|----------------------------------------|
B|----3-------1-------0---------------1---|
G|------------------------0---------------|
D|----------------------------------------|
A|----------------------------------------|
E|----------------------------------------|
```

```
E|----------------------------------------|
B|----------------------------------------|
G|----------------------------------------|
D|----------------------------------------|
A|----------------------------------------|
E|------------------3---------------------|
```

My Ding-a-Ling

```
E|----------------------0-----------------|
B|------------------3---------------3-----|
G|--------2-------------------------------|
D|---0------------------------------------|
A|----------------------------------------|
E|----------------------------------------|


E|----------------------------------------|
B|------2----3-----2----------------------|
G|------------------------------2---------|
D|----------------------------------------|
A|----------------------------------------|
E|----------------------------------------|


E|----------------------------------------|
B|----------------------------------------|
G|--------2-------------4-----------------|
D|----------------------------------------|
A|----------------------------------------|
E|----------------------------------------|
```

```
E|-----------------------------------|
B|-----------------------------------|
G|-----2-----4-----0-----------------|
D|-----------------------------------|
A|-----------------------------------|
E|-----------------------------------|


E|-----------------------------------|
B|-----------------------------------|
G|-----------------------------------|
D|-----4-----2-----0-----------------|
A|-----------------------------------|
E|-----------------------------------|


E|---------------2-------------------|
B|-----------------------------------|
G|-----------------------------------|
D|-----------------------------------|
A|-----------------------------------|
E|-----------------------------------|
```

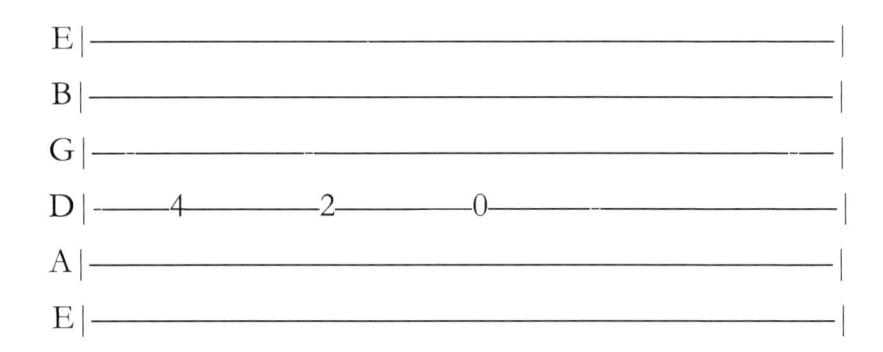

```
E|---------------------------------0------------------|
B|------------------3----------------------------3----|
G|----------2-----------------------------------------|
D|-----0----------------------------------------------|
A|----------------------------------------------------|
E|----------------------------------------------------|


E|----------------------------------------------------|
B|------2-----3-----2---------------------------------|
G|----------------------------------2-----------------|
D|----------------------------------------------------|
A|----------------------------------------------------|
E|----------------------------------------------------|


E|----------------------------------------------------|
B|----------------------------------------------------|
G|----------2-----------------4-----------------------|
D|----------------------------------------------------|
A|----------------------------------------------------|
E|----------------------------------------------------|
```

```
E|----------------------------------------|
B|----------------------------------------|
G|-------2---------------0----------------|
D|----------------------------------------|
A|----------------------------------------|
E|----------------------------------------|




E|----------------------------------------|
B|----------------------------------------|
G|----------------------------------------|
D|-------4-------2-------0----------------|
A|----------------------------------------|
E|----------------------------------------|




E|-------------------2--------------------|
B|----------------------------------------|
G|----------------------------------------|
D|----------------------------------------|
A|----------------------------------------|
E|----------------------------------------|
```

Letters to Julie

```
E|---------------------------------------------|
B|---------------------------------------------|
G|-----------0----------4---------4------------|
D|-----0---------------------------------------|
A|---------------------------------------------|
E|---------------------------------------------|


E|---------------------------------------------|
B|---------------3-----------------------------|
G|-------2-------------------------------------|
D|---------------------------------------------|
A|---------------------------------------------|
E|---------------------------------------------|


E|---------------------------------------------|
B|---------------------------------------------|
G|-------5----------4--------------------------|
D|---------------------------------------------|
A|---------------------------------------------|
E|---------------------------------------------|
```

```
E|————————————————————————————|
B|————————————————————————————|
G|——2———4———2————————|
D|————————————————————————————|
A|————————————————————————————|
E|————————————————————————————|


E|————————————————————————————|
B|————————————————————————————|
G|——0—————————0——————|
D|—————4——————————————|
A|————————————————————————————|
E|————————————————————————————|


E|————————————————————————————|
B|————————————————————————————|
G|————————————————————————————|
D|——2———0————————————|
A|————————————————————————————|
E|———————————————3———|
```

```
E|---------------------------------------------|
B|---------------------------------------------|
G|---------------0-----------4-----------4-----|
D|------0--------------------------------------|
A|---------------------------------------------|
E|---------------------------------------------|
```

```
E|---------------------------------------------|
B|---------------------3-----------------------|
G|---------2-----------------------------------|
D|---------------------------------------------|
A|---------------------------------------------|
E|---------------------------------------------|
```

```
E|---------------------------------------------|
B|---------------------------------------------|
G|---------5-----------4-----------------------|
D|---------------------------------------------|
A|---------------------------------------------|
E|---------------------------------------------|
```

```
E|-----------------------------------------------|
B|-----------------------------------------------|
G|------2-------4-------2------------------------|
D|-----------------------------------------------|
A|-----------------------------------------------|
E|-----------------------------------------------|


E|-----------------------------------------------|
B|-----------------------------------------------|
G|-----0---------------0-------------------------|
D|-------------4---------------------------------|
A|-----------------------------------------------|
E|-----------------------------------------------|


E|-----------------------------------------------|
B|-----------------------------------------------|
G|-----------------------------------------------|
D|-----2-------0---------------------------------|
A|-----------------------------------------------|
E|-------------------------------------3---------|
```

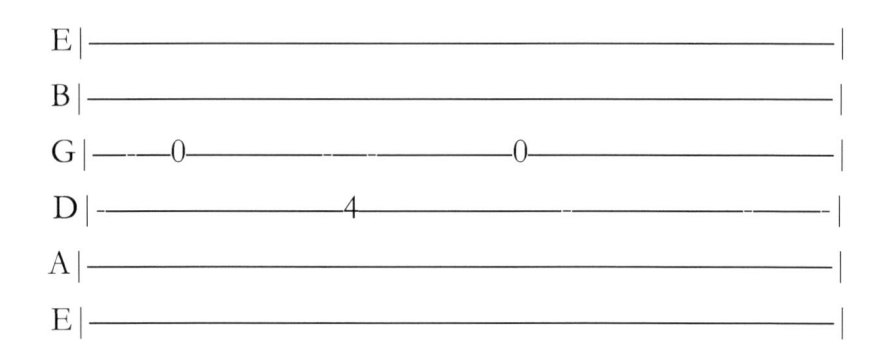

```
E|————————————————————————————|
B|————————————————————————————|
G|————————————————————————————|
D|————————————————————————————|
A|———————————2————————————————|
E|————————————————————————————|
```

Absolve

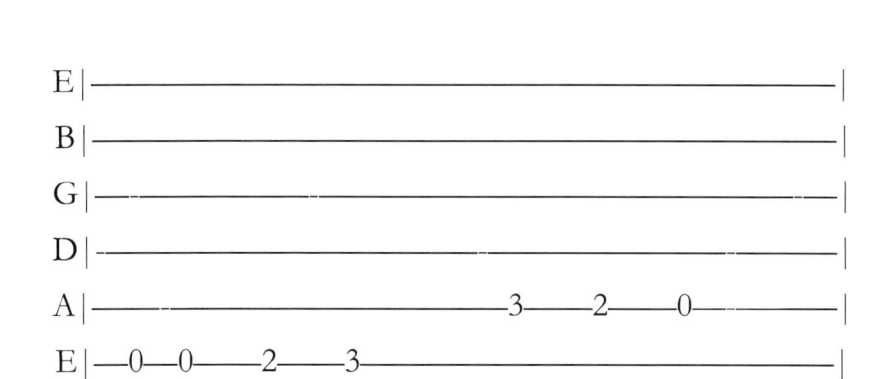

```
E|---------------------------------------|
B|---------------------------------------|
G|---------------------------------------|
D|---------------------------------------|
A|-----------2—3—5----------------------|
E|---0—0---------------------------------|


E|---------------------------------------|
B|---------------------------------------|
G|---------------------------------------|
D|---------------------------------------|
A|-----------3---------2-----------------|
E|---------------------------------------|


E|---------------------------------------|
B|---------------------------------------|
G|---------------------------------------|
D|---------------------------------------|
A|--------------------3-----2-----0------|
E|---0—0----2-----3----------------------|
```

```
E|---------------------------------------------|
B|---------------------------------------------|
G|---------------------------------------------|
D|---------------------------------------------|
A|------------2--3---5-------------------------|
E|---0---0-------------------------------------|


E|---------------------------------------------|
B|---------------------------------------------|
G|---------------------------------------------|
D|---------------------------------------------|
A|------------3-------2------------------------|
E|---------------------------------------------|


E|---------------------------------------------|
B|---------------------------------------------|
G|---------------------------------------------|
D|---------------------------------------------|
A|---------------------3----2----0-------------|
E|---0---0----2----3---------------------------|
```

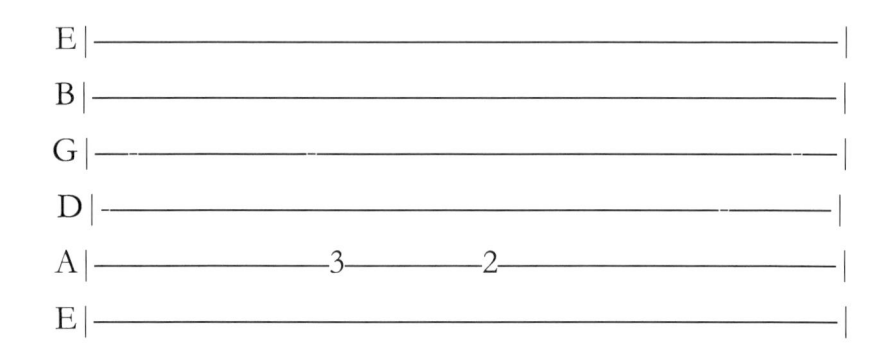

```
E|---------------------------------|
B|---------------------------------|
G|---------------------------------|
D|---------------------------------|
A|-------------8-------7-----------|
E|-----0-----0---------------------|


E|---------------------------------|
B|---------------------------------|
G|---------------------------------|
D|---------------------------------|
A|-------------5-------7-----------|
E|-----0-----0---------------------|


E|---------------------------------------|
B|---------------------------------------|
G|---------------------------------------|
D|---------------------------------------|
A|--------3----2----3----2----0----------|
E|----0--0-------------------------------|
```

```
E|--------------------------------|
B|--------------------------------|
G|--------------------------------|
D|--------------------------------|
A|------------2--3--5-------------|
E|----0--0------------------------|


E|--------------------------------|
B|--------------------------------|
G|--------------------------------|
D|--------------------------------|
A|------------3--------2----------|
E|--------------------------------|


E|--------------------------------|
B|--------------------------------|
G|--------------------------------|
D|--------------------------------|
A|--------------------3---2---0---|
E|--0--0----2----3----------------|
```

```
E|---------------------------------|
B|---------------------------------|
G|---------------------------------|
D|---------------------------------|
A|-----------2---3---5-------------|
E|----0---0------------------------|


E|---------------------------------|
B|---------------------------------|
G|---------------------------------|
D|---------------------------------|
A|-----------3---------2-----------|
E|---------------------------------|


E|---------------------------------|
B|---------------------------------|
G|---------------------------------|
D|---------------------------------|
A|------------------3----2----0----|
E|---0---0---2---3-----------------|
```

```
E|--------------------------------|
B|--------------------------------|
G|--------------------------------|
D|--------------------------------|
A|----------------8------7--------|
E|-----0-----0--------------------|


E|--------------------------------|
B|--------------------------------|
G|--------------------------------|
D|--------------------------------|
A|----------------5------7--------|
E|-----0-----0--------------------|


E|--------------------------------|
B|--------------------------------|
G|--------------------------------|
D|--------------------------------|
A|----------3----2----3----2----0-|
E|---0--0-------------------------|
```

Georgia

```
E|----------------------------------|
B|----------------------------------|
G|----------------------------------|
D|---------4---------5--------------|
A|--2--2--------2-------------------|
E|----------------------------------|


E|----------------------------------|
B|----------------------------------|
G|----------------------------------|
D|--------------4---------2---------|
A|----------2-----------------------|
E|----------------------------------|


E|----------------------------------|
B|----------------------------------|
G|----------------------------------|
D|-----0----------------------------|
A|------------4------2----0----2----|
E|----------------------------------|
```

```
E|--------------------------------|
B|--------------------------------|
G|--------------------------------|
D|-----------4---------5----------|
A|--2--2-----------2--------------|
E|--------------------------------|


E|--------------------------------|
B|--------------------------------|
G|--------------------------------|
D|--------------4------2----------|
A|---------2----------------------|
E|--------------------------------|


E|--------------------------------|
B|--------------------------------|
G|--------------------------------|
D|-----0--------------------------|
A|------------4-----2----0----2---|
E|--------------------------------|
```

Raging Water

```
E|----------------------------0------|
B|-----------------------6-----------|
G|---------------5-------------------|
D|--------7--------------------------|
A|----0------------------------------|
E|-----------------------------------|


E|-----------------------------------|
B|------6----------------------------|
G|-----------------5------4----------|
D|-----------------------------------|
A|-----------------------------------|
E|-----------------------------------|


E|-----------------------------------|
B|-----------------------------------|
G|---------------5-------------------|
D|------------------------7----------|
A|----0------------------------------|
E|-----------------------------------|
```

```
E|------------------------------|
B|------------------------------|
G|------------------------------|
D|-------5---------7------------|
A|------------------------------|
E|------------------------------|


E|------------------------------|
B|------------------------------|
G|------------------------------|
D|------------------------------|
A|----0----2----3----5----------|
E|------------------------------|


E|------------------------------|
B|------------------------------|
G|------------------------------|
D|------------------------------|
A|-------3---------0------------|
E|------------------------------|
```

```
E|------------------------------0---------|
B|-----------------------6----------------|
G|--------------5-------------------------|
D|------7---------------------------------|
A|---0------------------------------------|
E|----------------------------------------|




E|----------------------------------------|
B|------6---------------------------------|
G|-----------------5------4---------------|
D|----------------------------------------|
A|----------------------------------------|
E|----------------------------------------|




E|----------------------------------------|
B|----------------------------------------|
G|--------------5-------------------------|
D|-----------------------------7----------|
A|---0------------------------------------|
E|----------------------------------------|
```

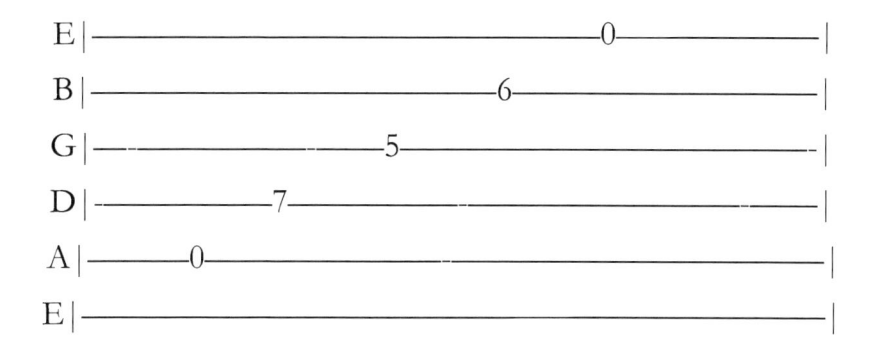

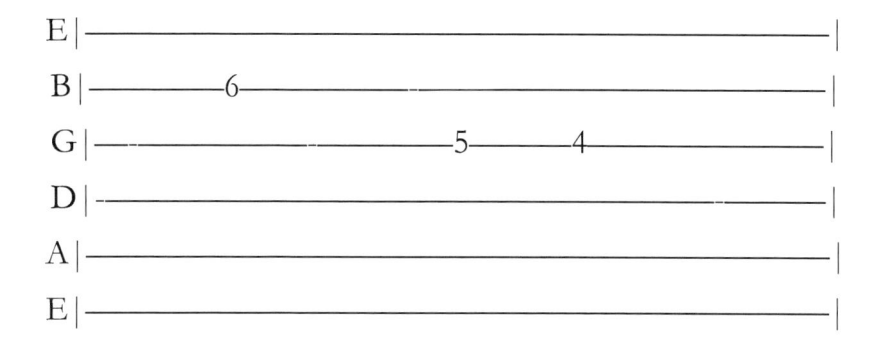

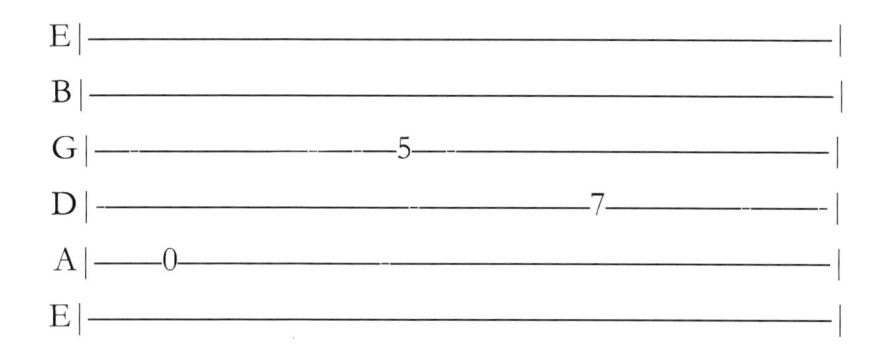

```
E|--------------------------------|
B|--------------------------------|
G|--------------------------------|
D|--------5---------7-------------|
A|--------------------------------|
E|--------------------------------|


E|--------------------------------|
B|--------------------------------|
G|--------------------------------|
D|--------------------------------|
A|-----0----2------3----5---------|
E|--------------------------------|


E|--------------------------------|
B|--------------------------------|
G|--------------------------------|
D|--------------------------------|
A|--------3---------0-------------|
E|--------------------------------|
```

Printed in Great Britain
by Amazon